GUEST BOOK TO CELEBRATE:

_____

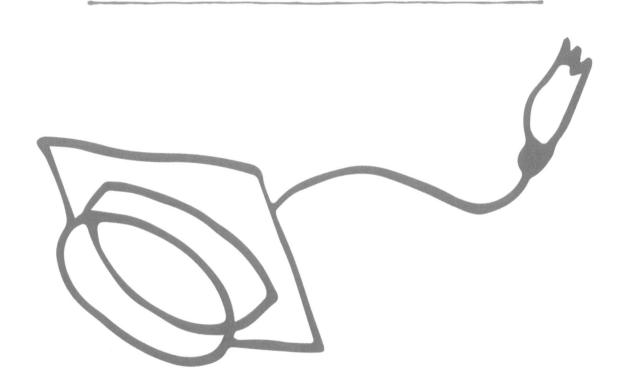

© Coddi Womple

ADVICE AND WISHES FOR THE GRADUATE

Be prepared to………………………………………………………………………………
………………………………………………………………………………………………
Always keep…………………………………………………………………………………
………………………………………………………………………………………………
Focus on……………………………………………………………………………………
never…………………………………………………………………………………………
Always remember……………………………………………………………………………
………………………………………………………………………………………………
Be open to……………………………………………………………………………………
Surround yourself with………………………………………………………………………
I wish you……………………………………………………………………………………
………………………………………………………………………………………………
(one last thing)………………………………………………………………………………

BEST WISHES …………………………………………………

ADVICE AND WISHES FOR THE GRADUATE

Be prepared to..

....

Always keep...

....

Focus on..

never..

Always remember..

....

Be open to..

Surround yourself with...

I wish you..

....

(one last thing)..

BEST WISHES ....

ADVICE AND WISHES FOR THE GRADUATE

Be prepared to...
....
Always keep..
....
Focus on...
never..
Always remember...
....
Be open to..
Surround yourself with...
I wish you...
....
(one last thing)...

BEST WISHES ....

ADVICE AND WISHES FOR THE GRADUATE

Be prepared to..
....

Always keep...
....

Focus on..
never..
Always remember...
....

Be open to...
Surround yourself with..
I wish you..
....
(one last thing)..

BEST WISHES ○○○○○○○○○○○○○○○○○○○○○○○○○○○○○○○○○○○○

ADVICE AND WISHES FOR THE GRADUATE

Be prepared to………………………………………………………………………………

………………………………………………………………………………………………

Always keep…………………………………………………………………………………

………………………………………………………………………………………………

Focus on……………………………………………………………………………………

never…………………………………………………………………………………………

Always remember……………………………………………………………………………

………………………………………………………………………………………………

Be open to……………………………………………………………………………………

Surround yourself with………………………………………………………………………

I wish you……………………………………………………………………………………

………………………………………………………………………………………………

(one last thing)………………………………………………………………………………

BEST WISHES ……………………………………………

ADVICE AND WISHES FOR THE GRADUATE

Be prepared to..

....

Always keep..

....

Focus on..

never...

Always remember..

....

Be open to...

Surround yourself with..

I wish you...

....

(one last thing)..

BEST WISHES ....

ADVICE AND WISHES FOR THE GRADUATE

Be prepared to..

....

Always keep..

....

Focus on..

never..

Always remember..

....

Be open to..

Surround yourself with..

I wish you..

....

(one last thing)..

BEST WISHES ....

ADVICE AND WISHES FOR THE GRADUATE

Be prepared to..

....

Always keep..

....

Focus on..

never..

Always remember...

....

Be open to...

Surround yourself with..

I wish you..

....

(one last thing)...

BEST WISHES ....

ADVICE AND WISHES FOR THE GRADUATE

Be prepared to………………………………………………………………………………………

………………………………………………………………………………………………………

Always keep………………………………………………………………………………………

………………………………………………………………………………………………………

Focus on……………………………………………………………………………………………

never………………………………………………………………………………………………

Always remember…………………………………………………………………………………

………………………………………………………………………………………………………

Be open to…………………………………………………………………………………………

Surround yourself with……………………………………………………………………………

I wish you…………………………………………………………………………………………

………………………………………………………………………………………………………

(one last thing)……………………………………………………………………………………

BEST WISHES ……………………………………………………

ADVICE AND WISHES FOR THE GRADUATE

Be prepared to……………………………………………………………………………………

………………………………………………………………………………………………………

Always keep……………………………………………………………………………………….

………………………………………………………………………………………………………

Focus on……………………………………………………………………………………………

never……………………………………………………………………………………………….

Always remember…………………………………………………………………………………

………………………………………………………………………………………………………

Be open to…………………………………………………………………………………………

Surround yourself with……………………………………………………………………………

I wish you…………………………………………………………………………………………

………………………………………………………………………………………………………

(one last thing)……………………………………………………………………………………

BEST WISHES ………………………………………………………

ADVICE AND WISHES FOR THE GRADUATE

Be prepared to..

....

Always keep...

....

Focus on...

never...

Always remember..

....

Be open to..

Surround yourself with...

I wish you...

....

(one last thing)..

BEST WISHES ....

ADVICE AND WISHES FOR THE GRADUATE

Be prepared to..

....

Always keep..

....

Focus on..

never..

Always remember..

....

Be open to..

Surround yourself with..

I wish you..

....

(one last thing)..

BEST WISHES ....

ADVICE AND WISHES FOR THE GRADUATE

Be prepared to..
....

Always keep..
....

Focus on..

never...

Always remember..
....

Be open to..

Surround yourself with..

I wish you...
....

(one last thing)..

BEST WISHES ○○○○○○○○○○○○○○○○○○○○○○○○○○○○○○

ADVICE AND WISHES FOR THE GRADUATE

Be prepared to……………………………………………………………………………………

………………………………………………………………………………………………………

Always keep……………………………………………………………………………………….

………………………………………………………………………………………………………

Focus on…………………………………………………………………………………………..

never………………………………………………………………………………………………

Always remember………………………………………………………………………………….

………………………………………………………………………………………………………

Be open to…………………………………………………………………………………………

Surround yourself with……………………………………………………………………………..

I wish you…………………………………………………………………………………………

………………………………………………………………………………………………………

(one last thing)……………………………………………………………………………………..

BEST WISHES ……………………………………………………

ADVICE AND WISHES FOR THE GRADUATE

Be prepared to………………………………………………………………………
……………………………………………………………………………………………
Always keep………………………………………………………………………….
……………………………………………………………………………………………
Focus on………………………………………………………………………………
never……………………………………………………………………………………
Always remember……………………………………………………………………
……………………………………………………………………………………………
Be open to……………………………………………………………………………
Surround yourself with……………………………………………………………
I wish you……………………………………………………………………………
……………………………………………………………………………………………
(one last thing)………………………………………………………………………

BEST WISHES ……………………………………………………

ADVICE AND WISHES FOR THE GRADUATE

Be prepared to...
....
Always keep...
....
Focus on...
never...
Always remember..
....
Be open to...
Surround yourself with..
I wish you..
....
(one last thing)...

BEST WISHES ....

ADVICE AND WISHES FOR THE GRADUATE

Be prepared to..

....

Always keep..

....

Focus on...

never...

Always remember...

....

Be open to..

Surround yourself with...

I wish you...

....

(one last thing)..

BEST WISHES ....

ADVICE AND WISHES FOR THE GRADUATE

Be prepared to………………………………………………………………………………………
………

Always keep………………………………………………………………………………………………
………

Focus on……………………………………………………………………………………………………

never………………………………………………………………………………………………………

Always remember……………………………………………………………………………………
………

Be open to…………………………………………………………………………………………………

Surround yourself with………………………………………………………………………………

I wish you…………………………………………………………………………………………………
………

(one last thing)…………………………………………………………………………………………

BEST WISHES …………………………………………………………

ADVICE AND WISHES FOR THE GRADUATE

Be prepared to...
....
Always keep...
....
Focus on...
never..
Always remember..
....
Be open to..
Surround yourself with...
I wish you...
....
(one last thing)..

BEST WISHES ....

ADVICE AND WISHES FOR THE GRADUATE

Be prepared to……………………………………………………………………………

………………………………………………………………………………………………

Always keep………………………………………………………………………………

………………………………………………………………………………………………

Focus on……………………………………………………………………………………

never……………………………………………………………………………………

Always remember…………………………………………………………………………

………………………………………………………………………………………………

Be open to…………………………………………………………………………………

Surround yourself with…………………………………………………………………

I wish you…………………………………………………………………………………

………………………………………………………………………………………………

(one last thing)……………………………………………………………………………

BEST WISHES …………………………………………

Advice and Wishes for the Graduate

Be prepared to...

....

Always keep...

....

Focus on..

never...

Always remember..

....

Be open to...

Surround yourself with..

I wish you...

....

(one last thing)..

Best Wishes ....

ADVICE AND WISHES FOR THE GRADUATE

Be prepared to..

....

Always keep..

....

Focus on...

never..

Always remember..

....

Be open to...

Surround yourself with...

I wish you...

....

(one last thing)...

BEST WISHES ....

ADVICE AND WISHES FOR THE GRADUATE

Be prepared to...

....

Always keep..

....

Focus on..

never..

Always remember...

....

Be open to...

Surround yourself with..

I wish you..

....

(one last thing)...

BEST WISHES ∘∘∘∘∘∘∘∘∘∘∘∘∘∘∘∘∘∘∘∘∘∘∘∘∘∘∘∘∘∘∘∘∘∘∘∘∘∘∘

ADVICE AND WISHES FOR THE GRADUATE

Be prepared to……………………………………………………………………………

………………………………………………………………………………………………

Always keep……………………………………………………………………………

………………………………………………………………………………………………

Focus on…………………………………………………………………………………

never………………………………………………………………………………………

Always remember………………………………………………………………………

………………………………………………………………………………………………

Be open to…………………………………………………………………………………

Surround yourself with…………………………………………………………………

I wish you…………………………………………………………………………………

………………………………………………………………………………………………

(one last thing)……………………………………………………………………………

BEST WISHES ………………………………………………………

ADVICE AND WISHES FOR THE GRADUATE

Be prepared to……………………………………………………………………………………

………………………………………………………………………………………………………

Always keep………………………………………………………………………………………

………………………………………………………………………………………………………

Focus on……………………………………………………………………………………………

never…………………………………………………………………………………………………

Always remember…………………………………………………………………………………

………………………………………………………………………………………………………

Be open to…………………………………………………………………………………………

Surround yourself with…………………………………………………………………………

I wish you…………………………………………………………………………………………

………………………………………………………………………………………………………

(one last thing)……………………………………………………………………………………

BEST WISHES ……………………………………………………

ADVICE AND WISHES FOR THE GRADUATE

Be prepared to..
....
Always keep..
....
Focus on..
never...
Always remember..
....
Be open to..
Surround yourself with..
I wish you..
....
(one last thing)..

BEST WISHES ....

ADVICE AND WISHES FOR THE GRADUATE

Be prepared to……………………………………………………………………………………

………………………………………………………………………………………………………

Always keep……………………………………………………………………………………….

………………………………………………………………………………………………………

Focus on……………………………………………………………………………………………

never……………………………………………………………………………………………….

Always remember…………………………………………………………………………………

………………………………………………………………………………………………………

Be open to…………………………………………………………………………………………

Surround yourself with……………………………………………………………………………

I wish you…………………………………………………………………………………………

………………………………………………………………………………………………………

(one last thing)……………………………………………………………………………………

BEST WISHES ………………………………………………………

ADVICE AND WISHES FOR THE GRADUATE

Be prepared to………………………………………………………………………
……………………………………………………………………………………………

Always keep…………………………………………………………………………
……………………………………………………………………………………………

Focus on………………………………………………………………………………
never……………………………………………………………………………………
Always remember…………………………………………………………………
……………………………………………………………………………………………

Be open to……………………………………………………………………………
Surround yourself with………………………………………………………
I wish you……………………………………………………………………………
……………………………………………………………………………………………
(one last thing)……………………………………………………………………

BEST WISHES ………………………………………………

ADVICE AND WISHES FOR THE GRADUATE

Be prepared to……………………………………………………………………………

……………………………………………………………………………………………

Always keep…………………………………………………………………………………

……………………………………………………………………………………………

Focus on………………………………………………………………………………………

never…………………………………………………………………………………………

Always remember……………………………………………………………………………

……………………………………………………………………………………………

Be open to……………………………………………………………………………………

Surround yourself with………………………………………………………………………

I wish you……………………………………………………………………………………

……………………………………………………………………………………………

(one last thing)………………………………………………………………………………

BEST WISHES ……………………………………………………………

ADVICE AND WISHES FOR THE GRADUATE

Be prepared to..

....

Always keep..

....

Focus on...

never..

Always remember..

....

Be open to..

Surround yourself with...

I wish you...

....

(one last thing)..

BEST WISHES ....

ADVICE AND WISHES FOR THE GRADUATE

Be prepared to………………………………………………………………………
………………………………………………………………………………………
Always keep………………………………………………………………………….
………………………………………………………………………………………
Focus on……………………………………………………………………………..
never…………………………………………………………………………………
Always remember……………………………………………………………………
………………………………………………………………………………………
Be open to……………………………………………………………………………
Surround yourself with………………………………………………………………
I wish you……………………………………………………………………………
………………………………………………………………………………………
(one last thing)………………………………………………………………………

BEST WISHES ……………………………………………

ADVICE AND WISHES FOR THE GRADUATE

Be prepared to..

....

Always keep..

....

Focus on...

never..

Always remember...

....

Be open to..

Surround yourself with..

I wish you...

....

(one last thing)...

BEST WISHES ....

ADVICE AND WISHES FOR THE GRADUATE

Be prepared to………………………………………………………………………………

………………………………………………………………………………………………

Always keep………………………………………………………………………………….

………………………………………………………………………………………………

Focus on……………………………………………………………………………………..

never…………………………………………………………………………………………

Always remember……………………………………………………………………………

………………………………………………………………………………………………

Be open to……………………………………………………………………………………

Surround yourself with………………………………………………………………………

I wish you……………………………………………………………………………………

………………………………………………………………………………………………

(one last thing)………………………………………………………………………………

BEST WISHES ………………………………………………

ADVICE AND WISHES FOR THE GRADUATE

Be prepared to...

....

Always keep...

....

Focus on..

never...

Always remember...

....

Be open to..

Surround yourself with..

I wish you..

....

(one last thing)..

BEST WISHES ....

ADVICE AND WISHES FOR THE GRADUATE

Be prepared to..

....

Always keep...

....

Focus on..

never..

Always remember...

....

Be open to..

Surround yourself with..

I wish you..

....

(one last thing)..

BEST WISHES ....

ADVICE AND WISHES FOR THE GRADUATE

Be prepared to……………………………………………………………………………………
………………………………………………………………………………………………………
Always keep……………………………………………………………………………………….
………………………………………………………………………………………………………
Focus on……………………………………………………………………………………………
never………………………………………………………………………………………………..
Always remember………………………………………………………………………………..
………………………………………………………………………………………………………
Be open to…………………………………………………………………………………………
Surround yourself with………………………………………………………………………….
I wish you…………………………………………………………………………………………..
………………………………………………………………………………………………………
(one last thing)……………………………………………………………………………………

BEST WISHES ……………………………………………………

ADVICE AND WISHES FOR THE GRADUATE

Be prepared to……………………………………………………………………………………

………………………………………………………………………………………………………

Always keep…………………………………………………………………………………………

………………………………………………………………………………………………………

Focus on……………………………………………………………………………………………

never…………………………………………………………………………………………………

Always remember……………………………………………………………………………………

………………………………………………………………………………………………………

Be open to……………………………………………………………………………………………

Surround yourself with………………………………………………………………………………

I wish you……………………………………………………………………………………………

………………………………………………………………………………………………………

(one last thing)………………………………………………………………………………………

BEST WISHES …………………………………………………………

ADVICE AND WISHES FOR THE GRADUATE

Be prepared to...
....
Always keep...
....
Focus on..
never..
Always remember...
....
Be open to..
Surround yourself with..
I wish you..
....
(one last thing)..

BEST WISHES ....

ADVICE AND WISHES FOR THE GRADUATE

Be prepared to……………………………………………………………………………………

………………………………………………………………………………………………………

Always keep……………………………………………………………………………………….

………………………………………………………………………………………………………

Focus on……………………………………………………………………………………………

never………………………………………………………………………………………………..

Always remember………………………………………………………………………………….

………………………………………………………………………………………………………

Be open to…………………………………………………………………………………………

Surround yourself with……………………………………………………………………………

I wish you…………………………………………………………………………………………

………………………………………………………………………………………………………

(one last thing)……………………………………………………………………………………

BEST WISHES ……………………………………………………

ADVICE AND WISHES FOR THE GRADUATE

Be prepared to……………………………………………………………………………

………………………………………………………………………………………………

Always keep……………………………………………………………………………….

………………………………………………………………………………………………

Focus on……………………………………………………………………………………

never………………………………………………………………………………………..

Always remember………………………………………………………………………….

………………………………………………………………………………………………

Be open to…………………………………………………………………………………..

Surround yourself with…………………………………………………………………….

I wish you…………………………………………………………………………………..

………………………………………………………………………………………………

(one last thing)……………………………………………………………………………..

BEST WISHES ……………………………………………………………

ADVICE AND WISHES FOR THE GRADUATE

Be prepared to..
....
Always keep...
....
Focus on..
never...
Always remember..
....
Be open to..
Surround yourself with...
I wish you..
....
(one last thing)...

BEST WISHES ....

ADVICE AND WISHES FOR THE GRADUATE

Be prepared to..

....

Always keep..

....

Focus on...

never..

Always remember...

....

Be open to..

Surround yourself with...

I wish you...

....

(one last thing)..

BEST WISHES ∘∘∘∘∘∘∘∘∘∘∘∘∘∘∘∘∘∘∘∘∘∘∘∘∘∘∘∘∘∘∘∘∘∘∘∘∘

ADVICE AND WISHES FOR THE GRADUATE

Be prepared to……………………………………………………………………………

………………………………………………………………………………………………

Always keep…………………………………………………………………………………

………………………………………………………………………………………………

Focus on……………………………………………………………………………………

never…………………………………………………………………………………………

Always remember……………………………………………………………………………

………………………………………………………………………………………………

Be open to…………………………………………………………………………………

Surround yourself with……………………………………………………………………

I wish you…………………………………………………………………………………

………………………………………………………………………………………………

(one last thing)……………………………………………………………………………

BEST WISHES ………………………………………………

ADVICE AND WISHES FOR THE GRADUATE

Be prepared to……………………………………………………………………………
………………………………………………………………………………………………
Always keep………………………………………………………………………………
………………………………………………………………………………………………
Focus on……………………………………………………………………………………
never…………………………………………………………………………………………
Always remember………………………………………………………………………
………………………………………………………………………………………………
Be open to…………………………………………………………………………………
Surround yourself with………………………………………………………………
I wish you…………………………………………………………………………………
………………………………………………………………………………………………
(one last thing)……………………………………………………………………………

BEST WISHES ………………………………………………

ADVICE AND WISHES FOR THE GRADUATE

Be prepared to..

....

Always keep..

....

Focus on...

never..

Always remember..

....

Be open to..

Surround yourself with...

I wish you...

....

(one last thing)...

BEST WISHES ....

ADVICE AND WISHES FOR THE GRADUATE

Be prepared to..
....

Always keep..
....

Focus on..

Never...

Always remember..
....

Be open to...

Surround yourself with...

I wish you..
....

(one last thing)...

BEST WISHES ∘∘∘∘∘∘∘∘∘∘∘∘∘∘∘∘∘∘∘∘∘∘∘∘∘∘∘∘∘∘∘∘∘

ADVICE AND WISHES FOR THE GRADUATE

Be prepared to...

....

Always keep..

....

Focus on...

never...

Always remember..

....

Be open to...

Surround yourself with..

I wish you..

....

(one last thing)...

BEST WISHES ....

ADVICE AND WISHES FOR THE GRADUATE

Be prepared to……………………………………………………………………………………

……………………………………………………………………………………………………

Always keep………………………………………………………………………………………

……………………………………………………………………………………………………

Focus on……………………………………………………………………………………………

never…………………………………………………………………………………………………

Always remember…………………………………………………………………………………

……………………………………………………………………………………………………

Be open to…………………………………………………………………………………………

Surround yourself with……………………………………………………………………………

I wish you…………………………………………………………………………………………

……………………………………………………………………………………………………

(one last thing)……………………………………………………………………………………

BEST WISHES ……………………………………………………

ADVICE AND WISHES FOR THE GRADUATE

Be prepared to………………………………………………………………………………………………
………
Always keep………………………………………………………………………………………………
………
Focus on……………………………………………………………………………………………………
never………………………………………………………………………………………………………
Always remember………………………………………………………………………………………
………
Be open to…………………………………………………………………………………………………
Surround yourself with……………………………………………………………………………
I wish you…………………………………………………………………………………………………
………
(one last thing)…………………………………………………………………………………………

BEST WISHES ………………………………………………………

ADVICE AND WISHES FOR THE GRADUATE

Be prepared to..

....

Always keep...

....

Focus on..

never...

Always remember..

....

Be open to...

Surround yourself with...

I wish you..

....

(one last thing)...

BEST WISHES ....

ADVICE AND WISHES FOR THE GRADUATE

Be prepared to..

....

Always keep..

....

Focus on..

never..

Always remember...

....

Be open to...

Surround yourself with..

I wish you..

....

(one last thing)...

BEST WISHES ....

ADVICE AND WISHES FOR THE GRADUATE

Be prepared to..

....

Always keep..

....

Focus on..

never...

Always remember...

....

Be open to...

Surround yourself with...

I wish you..

....

(one last thing)...

BEST WISHES ....

ADVICE AND WISHES FOR THE GRADUATE

Be prepared to……………………………………………………………………………
………………………………………………………………………………………………
Always keep………………………………………………………………………………
………………………………………………………………………………………………
Focus on……………………………………………………………………………………
never…………………………………………………………………………………………
Always remember…………………………………………………………………………
………………………………………………………………………………………………
Be open to…………………………………………………………………………………
Surround yourself with……………………………………………………………………
I wish you……………………………………………………………………………………
………………………………………………………………………………………………
(one last thing)……………………………………………………………………………

BEST WISHES ……………………………………………

ADVICE AND WISHES FOR THE GRADUATE

Be prepared to……………………………………………………………………………
…………………………………………………………………………………………………
Always keep……………………………………………………………………………………
…………………………………………………………………………………………………
Focus on………………………………………………………………………………………
never……………………………………………………………………………………………
Always remember……………………………………………………………………………
…………………………………………………………………………………………………
Be open to……………………………………………………………………………………
Surround yourself with………………………………………………………………………
I wish you………………………………………………………………………………………
…………………………………………………………………………………………………
(one last thing)………………………………………………………………………………

BEST WISHES ……………………………………………………………

ADVICE AND WISHES FOR THE GRADUATE

Be prepared to………………………………………………………………………………………

……

Always keep…………………………………………………………………………………………

……

Focus on………………………………………………………………………………………………

never………………………………………………………………………………………………………

Always remember……………………………………………………………………………………

……

Be open to……………………………………………………………………………………………

Surround yourself with……………………………………………………………………………

I wish you………………………………………………………………………………………………

……

(one last thing)………………………………………………………………………………………

BEST WISHES ……………………………………………………………

ADVICE AND WISHES FOR THE GRADUATE

Be prepared to..
....
Always keep...
....
Focus on..
never...
Always remember...
....
Be open to..
Surround yourself with..
I wish you..
....
(one last thing)..

BEST WISHES ....

Advice and Wishes for the Graduate

Be prepared to……………………………………………………………………………
………………………………………………………………………………………………
Always keep………………………………………………………………………………
………………………………………………………………………………………………
Focus on……………………………………………………………………………………
never……………………………………………………………………………………
Always remember…………………………………………………………………………
………………………………………………………………………………………………
Be open to…………………………………………………………………………………
Surround yourself with……………………………………………………………………
I wish you…………………………………………………………………………………
………………………………………………………………………………………………
(one last thing)……………………………………………………………………………

BEST WISHES ………………………………………………………

ADVICE AND WISHES FOR THE GRADUATE

Be prepared to...
....
Always keep..
....
Focus on...
never..
Always remember..
....
Be open to..
Surround yourself with...
I wish you...
....
(one last thing)...

BEST WISHES ....

Advice and Wishes for the Graduate

Be prepared to……………………………………………………………………………
………………………………………………………………………………………………

Always keep………………………………………………………………………………
………………………………………………………………………………………………

Focus on……………………………………………………………………………………

never…………………………………………………………………………………………

Always remember…………………………………………………………………………
………………………………………………………………………………………………

Be open to…………………………………………………………………………………

Surround yourself with……………………………………………………………………

I wish you…………………………………………………………………………………
………………………………………………………………………………………………

(one last thing)……………………………………………………………………………

BEST WISHES ………………………………………………

ADVICE AND WISHES FOR THE GRADUATE

Be prepared to………………………………………………………………………………………
………………………………………………………………………………………………………

Always keep………………………………………………………………………………………
………………………………………………………………………………………………………

Focus on……………………………………………………………………………………………

never…………………………………………………………………………………………………

Always remember…………………………………………………………………………………
………………………………………………………………………………………………………

Be open to…………………………………………………………………………………………

Surround yourself with…………………………………………………………………………

I wish you…………………………………………………………………………………………
………………………………………………………………………………………………………

(one last thing)……………………………………………………………………………………

BEST WISHES …………………………………………………………

ADVICE AND WISHES FOR THE GRADUATE

Be prepared to……………………………………………………………………………………………

……

Always keep………………………………………………………………………………………………

……

Focus on……………………………………………………………………………………………………

Never……

Always remember…………………………………………………………………………………………

……

Be open to…………………………………………………………………………………………………

Surround yourself with…………………………………………………………………………………

I wish you…………………………………………………………………………………………………

……

(One last thing)…………………………………………………………………………………………

BEST WISHES …………………………………………………………………

ADVICE AND WISHES FOR THE GRADUATE

Be prepared to……………………………………………………………………

………………………………………………………………………………………

Always keep………………………………………………………………………

………………………………………………………………………………………

Focus on……………………………………………………………………………

never…………………………………………………………………………………

Always remember…………………………………………………………………

………………………………………………………………………………………

Be open to…………………………………………………………………………

Surround yourself with…………………………………………………………

I wish you…………………………………………………………………………

………………………………………………………………………………………

(one last thing)……………………………………………………………………

BEST WISHES ……………………………………………………

ADVICE AND WISHES FOR THE GRADUATE

Be prepared to………………………………………………………………………………………

………………………………………………………………………………………………………

Always keep…………………………………………………………………………………………

………………………………………………………………………………………………………

Focus on……………………………………………………………………………………………

never…………………………………………………………………………………………………

Always remember……………………………………………………………………………………

………………………………………………………………………………………………………

Be open to……………………………………………………………………………………………

Surround yourself with………………………………………………………………………………

I wish you……………………………………………………………………………………………

………………………………………………………………………………………………………

(one last thing)………………………………………………………………………………………

BEST WISHES ∘∘∘∘∘∘∘∘∘∘∘∘∘∘∘∘∘∘∘∘∘∘∘∘∘∘∘∘∘∘∘∘∘

ADVICE AND WISHES FOR THE GRADUATE

Be prepared to..

....

Always keep..

....

Focus on..

never..

Always remember..

....

Be open to..

Surround yourself with..

I wish you..

....

(one last thing)..

BEST WISHES ....

ADVICE AND WISHES FOR THE GRADUATE

Be prepared to……………………………………………………………………………………

………………………………………………………………………………………………………

Always keep………………………………………………………………………………………

………………………………………………………………………………………………………

Focus on……………………………………………………………………………………………

never…………………………………………………………………………………………………

Always remember………………………………………………………………………………

………………………………………………………………………………………………………

Be open to…………………………………………………………………………………………

Surround yourself with………………………………………………………………………

I wish you…………………………………………………………………………………………

………………………………………………………………………………………………………

(one last thing)…………………………………………………………………………………

BEST WISHES …………………………………………………………

ADVICE AND WISHES FOR THE GRADUATE

Be prepared to..
....
Always keep...
....
Focus on...
never..
Always remember..
....
Be open to..
Surround yourself with..
I wish you...
....
(one last thing)...

BEST WISHES ....

ADVICE AND WISHES FOR THE GRADUATE

Be prepared to..
....

Always keep...
....

Focus on..
never..
Always remember...
....

Be open to...
Surround yourself with...
I wish you..
....
(one last thing)..

BEST WISHES ....

ADVICE AND WISHES FOR THE GRADUATE

Be prepared to………………………………………………………………………………

………………………………………………………………………………………………

Always keep…………………………………………………………………………………

………………………………………………………………………………………………

Focus on……………………………………………………………………………………

never…………………………………………………………………………………………

Always remember……………………………………………………………………………

………………………………………………………………………………………………

Be open to……………………………………………………………………………………

Surround yourself with………………………………………………………………………

I wish you……………………………………………………………………………………

………………………………………………………………………………………………

(one last thing)………………………………………………………………………………

BEST WISHES ……………………………………………………

ADVICE AND WISHES FOR THE GRADUATE

Be prepared to……………………………………………………………………………………………
……
Always keep……………………………………………………………………………………………
……
Focus on…………………………………………………………………………………………………
Never………………………………………………………………………………………………………
Always remember………………………………………………………………………………………
……
Be open to………………………………………………………………………………………………
Surround yourself with………………………………………………………………………………
I wish you………………………………………………………………………………………………
……
(one last thing)…………………………………………………………………………………………

BEST WISHES ……………………………………………………

Advice and Wishes for the Graduate

Be prepared to..
....

Always keep..
....

Focus on..

never..

Always remember..
....

Be open to..

Surround yourself with..

I wish you..
....

(one last thing)..

Best Wishes ....

ADVICE AND WISHES FOR THE GRADUATE

Be prepared to……………………………………………………………………………
…………………………………………………………………………………………………
Always keep……………………………………………………………………………………
…………………………………………………………………………………………………
Focus on………………………………………………………………………………………
never………………………………………………………………………………………………
Always remember……………………………………………………………………………
…………………………………………………………………………………………………
Be open to………………………………………………………………………………………
Surround yourself with…………………………………………………………………………
I wish you……………………………………………………………………………………
…………………………………………………………………………………………………
(one last thing)………………………………………………………………………………

BEST WISHES ……………………………………………

ADVICE AND WISHES FOR THE GRADUATE

Be prepared to..
....
Always keep..
....
Focus on...
never..
Always remember...
....
Be open to..
Surround yourself with...
I wish you...
....
(one last thing)..

BEST WISHES ....

ADVICE AND WISHES FOR THE GRADUATE

Be prepared to……………………………………………………………………………………

………………………………………………………………………………………………………

Always keep……………………………………………………………………………………

………………………………………………………………………………………………………

Focus on……………………………………………………………………………………………

never………………………………………………………………………………………………

Always remember…………………………………………………………………………………

………………………………………………………………………………………………………

Be open to…………………………………………………………………………………………

Surround yourself with……………………………………………………………………………

I wish you…………………………………………………………………………………………

………………………………………………………………………………………………………

(one last thing)……………………………………………………………………………………

BEST WISHES …………………………………………………………

ADVICE AND WISHES FOR THE GRADUATE

Be prepared to...

....

Always keep..

....

Focus on...

never..

Always remember..

....

Be open to...

Surround yourself with...

I wish you...

....

(one last thing)...

BEST WISHES ....

ADVICE AND WISHES FOR THE GRADUATE

Be prepared to..
....
Always keep..
....
Focus on..
never..
Always remember...
....
Be open to...
Surround yourself with..
I wish you..
....
(one last thing)..

BEST WISHES ....

Advice and Wishes for the Graduate

Be prepared to..

....

Always keep..

....

Focus on...

never..

Always remember...

....

Be open to..

Surround yourself with...

I wish you...

....

(one last thing)...

BEST WISHES ....

ADVICE AND WISHES FOR THE GRADUATE

Be prepared to...

....

Always keep..

....

Focus on...

never..

Always remember...

....

Be open to..

Surround yourself with...

I wish you...

....

(one last thing)...

BEST WISHES ....

ADVICE AND WISHES FOR THE GRADUATE

Be prepared to……………………………………………………………………………………
………………………………………………………………………………………………………

Always keep……………………………………………………………………………………
………………………………………………………………………………………………………

Focus on………………………………………………………………………………………
never…………………………………………………………………………………………………
Always remember………………………………………………………………………………
………………………………………………………………………………………………………

Be open to………………………………………………………………………………………
Surround yourself with…………………………………………………………………………
I wish you………………………………………………………………………………………
………………………………………………………………………………………………………
(one last thing)…………………………………………………………………………………

BEST WISHES …………………………………

ADVICE AND WISHES FOR THE GRADUATE

Be prepared to..

....

Always keep..

....

Focus on..

never..

Always remember..

....

Be open to..

Surround yourself with..

I wish you..

....

(one last thing)..

BEST WISHES ○○○○○○○○○○○○○○○○○○○○○○○○○○○○○○

ADVICE AND WISHES FOR THE GRADUATE

Be prepared to..

....

Always keep...

....

Focus on...

never..

Always remember..

....

Be open to..

Surround yourself with..

I wish you..

....

(one last thing)..

BEST WISHES ....

ADVICE AND WISHES FOR THE GRADUATE

Be prepared to……………………………………………………………………………………
………………………………………………………………………………………………………

Always keep……………………………………………………………………………………….
………………………………………………………………………………………………………

Focus on……………………………………………………………………………………………

Never………………………………………………………………………………………………..

Always remember…………………………………………………………………………………
………………………………………………………………………………………………………

Be open to…………………………………………………………………………………………..

Surround yourself with……………………………………………………………………………

I wish you…………………………………………………………………………………………..
………………………………………………………………………………………………………

(one last thing)……………………………………………………………………………………..

BEST WISHES ………………………………………………

ADVICE AND WISHES FOR THE GRADUATE

Be prepared to………………………………………………………………………………
……………………………………………………………………………………………

Always keep………………………………………………………………………………
……………………………………………………………………………………………

Focus on……………………………………………………………………………………
never………………………………………………………………………………………
Always remember…………………………………………………………………………
……………………………………………………………………………………………

Be open to…………………………………………………………………………………
Surround yourself with……………………………………………………………………
I wish you…………………………………………………………………………………
……………………………………………………………………………………………
(one last thing)……………………………………………………………………………

BEST WISHES ……………………………………………………

Advice and Wishes for the Graduate

Be prepared to……………………………………………………………………………………………

……

Always keep………………………………………………………………………………………………

……

Focus on……………………………………………………………………………………………………

never……

Always remember………………………………………………………………………………………

……

Be open to…………………………………………………………………………………………………

Surround yourself with………………………………………………………………………………

I wish you…………………………………………………………………………………………………

……

(one last thing)…………………………………………………………………………………………

BEST WISHES ………………………………………

ADVICE AND WISHES FOR THE GRADUATE

Be prepared to..

....

Always keep..

....

Focus on..

never...

Always remember..

....

Be open to..

Surround yourself with...

I wish you..

....

(one last thing)...

BEST WISHES ....

ADVICE AND WISHES FOR THE GRADUATE

Be prepared to……………………………………………………………………………………
……

Always keep………………………………………………………………………………………
……

Focus on……………………………………………………………………………………………

never…………………………………………………………………………………………………

Always remember………………………………………………………………………………
……

Be open to…………………………………………………………………………………………

Surround yourself with………………………………………………………………………

I wish you…………………………………………………………………………………………
……

(one last thing)…………………………………………………………………………………

BEST WISHES ……………………………………………………………

ADVICE AND WISHES FOR THE GRADUATE

Be prepared to...
....

Always keep..
....

Focus on...

never...

Always remember...
....

Be open to...

Surround yourself with..

I wish you..
....

(one last thing)...

BEST WISHES ···

Advice and Wishes for the Graduate

Be prepared to..
....
Always keep..
....
Focus on..
never..
Always remember..
....
Be open to..
Surround yourself with..
I wish you..
....
(one last thing)..

BEST WISHES ....

Advice and Wishes for the Graduate

Be prepared to..
....
Always keep..
....
Focus on...
never..
Always remember...
....
Be open to...
Surround yourself with...
I wish you..
....
(one last thing)...

Best Wishes ....

Advice and Wishes for the Graduate

Be prepared to………………………………………………………………………

………………………………………………………………………………………

Always keep………………………………………………………………………

………………………………………………………………………………………

Focus on……………………………………………………………………………

never………………………………………………………………………………

Always remember…………………………………………………………………

………………………………………………………………………………………

Be open to…………………………………………………………………………

Surround yourself with……………………………………………………………

I wish you…………………………………………………………………………

………………………………………………………………………………………

(one last thing)……………………………………………………………………

Best Wishes ………………………………………

ADVICE AND WISHES FOR THE GRADUATE

Be prepared to………………………………………………………………………………………
………………………………………………………………………………………………………

Always keep…………………………………………………………………………………………
………………………………………………………………………………………………………

Focus on……………………………………………………………………………………………

never…………………………………………………………………………………………………

Always remember……………………………………………………………………………………
………………………………………………………………………………………………………

Be open to……………………………………………………………………………………………

Surround yourself with………………………………………………………………………………

I wish you……………………………………………………………………………………………
………………………………………………………………………………………………………

(one last thing)………………………………………………………………………………………

BEST WISHES ……………………………………………………

Advice and Wishes for the Graduate

Be prepared to………………………………………………………………………
………………………………………………………………………………………

Always keep………………………………………………………………………
………………………………………………………………………………………

Focus on……………………………………………………………………………
never………………………………………………………………………………
Always remember…………………………………………………………………
………………………………………………………………………………………

Be open to…………………………………………………………………………
Surround yourself with……………………………………………………………
I wish you…………………………………………………………………………
………………………………………………………………………………………
(one last thing)……………………………………………………………………

Best Wishes ………………………………

ADVICE AND WISHES FOR THE GRADUATE

Be prepared to..

....

Always keep..

....

Focus on..

never..

Always remember..

....

Be open to..

Surround yourself with..

I wish you..

....

(one last thing)..

BEST WISHES ....

Advice and Wishes for the Graduate

Be prepared to..

....

Always keep..

....

Focus on..

never..

Always remember...

....

Be open to...

Surround yourself with..

I wish you..

....

(one last thing)..

BEST WISHES ....

ADVICE AND WISHES FOR THE GRADUATE

Be prepared to..

....

Always keep..

....

Focus on...

never..

Always remember...

....

Be open to..

Surround yourself with...

I wish you...

....

(one last thing)...

BEST WISHES ○○○○○○○○○○○○○○○○○○○○○○○○○○○○○○

ADVICE AND WISHES FOR THE GRADUATE

Be prepared to..
....

Always keep..
....

Focus on...

never..

Always remember..
....

Be open to..

Surround yourself with..

I wish you...
....

(one last thing)..

BEST WISHES ○○○○○○○○○○○○○○○○○○○○○○○○○○○○○○○○

ADVICE AND WISHES FOR THE GRADUATE

Be prepared to...

....

Always keep..

....

Focus on..

never...

Always remember..

....

Be open to...

Surround yourself with..

I wish you..

....

(one last thing)..

BEST WISHES ○○○○○○○○○○○○○○○○○○○○○○○○○○○○

ADVICE AND WISHES FOR THE GRADUATE

Be prepared to..
....
Always keep..
....
Focus on..
never..
Always remember..
....
Be open to..
Surround yourself with..
I wish you..
....
(one last thing)..

BEST WISHES ....

ADVICE AND WISHES FOR THE GRADUATE

Be prepared to………………………………………………………………………………
……………………………………………………………………………………………………

Always keep………………………………………………………………………………………
……………………………………………………………………………………………………

Focus on……………………………………………………………………………………………

never………………………………………………………………………………………………

Always remember…………………………………………………………………………………
……………………………………………………………………………………………………

Be open to…………………………………………………………………………………………

Surround yourself with……………………………………………………………………………

I wish you…………………………………………………………………………………………
……………………………………………………………………………………………………

(one last thing)……………………………………………………………………………………

BEST WISHES ∘∘∘∘∘∘∘∘∘∘∘∘∘∘∘∘∘∘∘∘∘∘∘∘∘∘∘∘∘∘

Advice and Wishes for the Graduate

Be prepared to..
....
Always keep..
....
Focus on..
never..
Always remember...
....
Be open to...
Surround yourself with..
I wish you..
....
(one last thing)..

Best wishes ....

Made in United States
Troutdale, OR
04/30/2025